LA
CONSOLIDATION DE LA RÉPUBLIQUE

ET

LA RÉVOLUTION SOCIALE

PAR

LA BANQUE UNIVERSELLE

CONFÉRENCE FAITE

PAR

M. Louis BOURGET

Ancien caissier de l'unification de la Dette égyptienne
au Comptoir d'Escompte de Paris

DIRECTEUR GÉNÉRAL FONDATEUR DE LA BANQUE UNIVERSELLE

PARIS

NÉRALE D'IMPRIMERIE ET DE LIBRAIRIE
rue Montmartre et rue des Jeûneurs, 4'

1880

LA
CONSOLIDATION DE LA RÉPUBLIQUE

ET

LA RÉVOLUTION SOCIALE

PAR

LA BANQUE UNIVERSELLE

CONFÉRENCE FAITE

PAR

M. Louis BOURGET

Ancien caissier de l'unification de la Dette égyptienne
au Comptoir d'Escompte de Paris

DIRECTEUR GÉNÉRAL FONDATEUR DE LA BANQUE UNIVERSELLE

PARIS

SOCIÉTÉ GÉNÉRALE D'IMPRIMERIE ET DE LIBRAIRIE
156, rue Montmartre et rue des Jeûneurs, 41

—

1880

Le fonctionnement du Crédit en France constitue une œuvre si digne d'intérêt que nous avons cru devoir en faire une étude spéciale au double point de vue de l'organisation rationnelle du crédit et de l'état de choses actuel.

Entreprendre de développer complètement cette étude serait vouloir faire l'historique du Crédit lui-même dans ses formes les plus variées et rebâtir un édifice qui s'écroule sous un monceau de ruines. Nous essaierons de reconstruire l'édifice, et nous tâcherons aussi de sauver du naufrage la dernière épave du bâtiment que l'imprévoyance de ses pilotes fait sombrer.

Et qu'on ne nous accuse pas de lyrisme ! Si belle que soit la poésie, elle ne suffirait pas à l'appel suprême que nous adressons aux populations compromises par la mauvaise direction imprimée à l'administration de leurs intérêts ; nous ne visons pas l'image, c'est la vérité que, dans un exposé rapide, nous apportons à ceux qui recherchent l'équité dans la participation sociale qui leur est réclamée.

L'histoire du Crédit est facile à faire: On avait la propriété, on a créé un signe fiduciaire pour la représenter ; une dette était opposée à un actif, c'était l'établissement du Crédit. Puis au crédit effectif, a succédé le crédit moral, c'est-à-dire auquel on croit, ce qui n'est pas le crédit effectif. C'est à cette phase que nous en sommes ; ce n'est plus la vérité, c'est la figure ; maintenant l'image nous suffit ; l'image, par conséquent la fiction, le mirage qu'elle produit, qui engendre la déception, la ruine, l'effondrement d'une compagnie, d'une agglomération d'individus, d'une société tout entière.

Et a-t-on pensé, parfois, à la fiction sociale sous laquelle nous vivons ? Son règne nous paraît tellement chose normale qu'il n'a pas attiré seulement une de nos pensées. Depuis la Révolution, nous nous laissons vivre ; nous nous sentons un rouage d'une organisation puissante, et pour peu que la machine se meuve, il nous est indifférent qu'elle fasse *avant* ou *arrière*, ou qu'elle reste en place ; nous sommes dans le mouvement, le mouvement est à quelques-uns, et ces quelques-uns qui sont pour nous toute la force impulsive, se contentent de maintenir ce qui est, sans rien changer à ce qu'ils ont trouvé, ce qui est un recul dans la vie sociale.

Ce qui est vrai en économie politique est vrai également dans l'administration de tous nos intérêts.

En 89, on voulait la révolution sociale, mais les hommes ne pouvaient pas tous être des sages et on ne fit que la révolution politique. Après 89, on ne put tenter l'impossible ; la Terreur vint détruire la Liberté ; les citoyens s'entr'égorgèrent, et avec les flots de sang dans lesquels agonisait la grande âme du peuple, la fortune publique suait par tous les pores de la France ; rien ne pouvait la ressaisir ; on s'accrochait aux conquêtes, on ne voyait pas la dilapidation ; la dette d'Etat était créée, ce qui n'empêchait pas les ressources de notre pays de s'éteindre au souffle empesté de la guerre, ce fléau qui ruine les empires autant qu'il dévaste la raison.

Rien n'était simple, cependant, comme d'accomplir la révolution sociale si magnifiquement inaugurée par la révolution politique ; pour cela, il fallait seulement observer les besoins de la Nation avec la ferme volonté d'y satisfaire, sans se laisser détourner jamais de ce devoir sacré. Il n'eût pas fallu que l'ambition prévalût sur la conscience d'un homme ; il eût fallu au contraire que l'esprit de conquête le cédât à l'esprit de sage administration qu'appelait la misère du peuple.

Mais les principes de 89 étaient bien loin ; d'autres soucis assiégeaient le Génie qui commandait aux destinées de la France : Il fallait de l'ordre, le Génie engendra le Chaos !

Vinrent les revers, et la Nation, plus pauvre que jamais, ne pouvant plus vivre que de souvenirs, s'adonna encore, pourtant, au travail qui devait la sauver si, cette fois, elle avait pu s'administrer sagement.

Malheureusement, la sagesse ne fut pas de longue durée ; de nouveaux excès se manifestèrent ; au fur et à mesure que le progrès parvint à se produire, l'esprit du mal engendra la destruction, comme si les étapes du progrès devaient toujours être marquées de sang et de ruines.

Vint le second Empire, qui eut son cortège de gloire, mais qui fut aussi le règne de la fiction, où tant d'intérêts se sont heurtés et ont créé la dangereuse situation à laquelle il nous faut remédier désormais.

Effrayé des spéculations hasardées qui signalaient chaque année du régime impérial, je m'adressai résolument à l'Empereur, le conjurant, au nom de la Nation, de prévenir le cataclysme effroyable auquel nous courons.

L'Empereur eut la haute courtoisie de répondre à notre appel, il renvoya à une commission supérieure l'étude du moyen de salut public que nous lui avions proposé ; mais cette commission, obéissant sans doute à un ordre intéressé, recula devant le sacrifice d'intérêts particuliers ; ce fut l'intérêt général qui fut sacrifié ; et l'état, qui, en se moralisant eût pu du même coup faire un si grand pas dans la moralisation du commerce et des masses, resta plongé dans une administration qui, pour nous être enviée de tous les peuples, n'en est pas moins désordonnée à ce point que la Nation sollicitant des comptes, n'en peut jamais recevoir d'une clarté assez saisissante pour être compris de tous.

Ce que je demandais à l'Empereur, c'était la clarté dans les finances, l'ordre absolu qui implique cette clarté, ordre qui est la consécration des principes de 89, sans lequel ils ne sont qu'un leurre, parce qu'ils ne constituent qu'une doctrine sans contrôle, qui repose seulement sur le plus ou le moins de libéralisme des gouvernants, dont l'action gouvernementale proprement dite, qui se traduit toujours par l'emploi des ressources nationales, échappe sans cesse au jugement suprême du peuple.

L'ordre que je réclamais du Gouvernement impérial remettait l'administration financière aux mains du pays.

Voici en quoi consistait cet ordre, des plus rigoureux.

Je demandais qu'une Commission supérieure, prise dans le haut personnel des différents ministères établît le *Bilan national* de la France ; — que cet inventaire fût soumis à une Commission du Corps Législatif, pour en opérer la vérification et le publier ensuite dans le *Journal officiel* et dans toutes les feuilles de l'Empire ; que ce premier bilan fût le point de départ de publications mensuelles, faites par les soins du Ministre des finances, mais préalablement soumises au contrôle de la Commission spéciale du Corps Législatif, siégeant pour cela en permanence ; — que la Cour des Comptes jugeât les bilans publiés à un mois de leur date, et qu'ampliation de son jugement fût remise à chacun des membres de la Commission permanente du contrôle législatif ; qu'enfin, cette Commission, lors de la discussion du Budget, vînt faire à la Chambre un rapport complet sur l'Administration financière du pays, contrôlée par elle dans ses moindres détails.

Il y avait là un élément certain de moralisation et un moyen sérieux d'instruction pour le peuple.

Mais, dira-t-on, la *Banque de France* publie son bilan et personne n'en est plus instruit.

Soit. Mais la forme de publication du bilan de la Banque de France ne nous avait pas paru suffisante pour le *Bilan national*, et nous demandions qu'il fût *Comparatif, avec introduction des fluctuations actives et passives s'étant produites entre les deux arrêtés de situation ;* et chacun eût pu lire dans la fortune du pays, réclamer les réformes nécessaires dans l'administration publique, appliquer ces réformes à son administration particulière.

Un membre influent de la Commission du budget (¹) appuya ma proposition ; — mais il fallait compter avec les mauvaises volontés subalternes : on m'objecta que, chaque année, le Ministre des finances publiait le *Compte général* de l'administration du pays et que cette publication répondait à tous les besoins ; — à tous les besoins du Minis-

---

(1) M. le duc de Marmier.

tère, nous le concédons ; mais ils ne sauraient constituer une satisfaction pour le peuple qui paie et qui a le droit d'être autrement renseigné sur l'emploi de ses deniers que par une publication d'un millier de pages dans laquelle on a eu le soin de ne pas lui apprendre à lire. — Il aurait lu les *six lignes* que je demandais de publier, il les aurait comprises, il n'a jamais compris le compte général qu'on ne peut croire imaginé que pour entasser un document encombrant et inutile sur les masses de documents inutiles qui foisonnent dans notre administration trop paperassière.

Et l'on disait aussi que le jugement de la Cour des Comptes intervenant à un mois de l'accomplissement des faits était impraticable ; — après tout la valeur d'un jugement rendu après trois ou quatre ans des actes jugés est peut-être autrement sérieuse ; — pour nous, l'action si tardive de la Cour des Comptes est un empêchement à un redressement utile, et la raison du refus de notre projet, en ce qui est relatif à la Cour des Comptes, est plutôt dans la théorie des virements si habilement pratiquée sous l'Empire, et qui jetait le désordre le plus complet dans les applications budgétaires.

Raisonnablement, il y avait des motifs sérieux qui constituaient un obstacle invincible à la publication du *Bilan national*; — le contrôle du peuple se serait fait trop vivement sentir, la vérité eût apparu sous son vrai jour; les découverts du Trésor, s'augmentant chaque mois, eussent été signalées trop clairement au maître qui payait et qui aurait fini par s'intéresser peut-être outre mesure à l'Administration de ses intérêts si gravement compromis.

C'est le 22 février 1869 que j'adressais ma requête à l'Empereur; après une correspondance suivie avec le Chef de l'Etat et le Ministre des finances, le 30 avril 1870, le Directeur du mouvement général des fonds m'adressa cette communication :

« J'ai reçu la lettre que vous m'avez fait
« l'honneur de m'écrire le 25 de ce mois, au
« sujet d'un projet de réforme financière que
« vous avez soumis à l'Empereur.

« Ce projet, consistant en un système de
« publication par l'Etat de Bilans mensuels,
« a été examiné, et de cet examen il résulte,
« d'une part, que la combinaison est d'une
« réalisation pratique bien difficile , sinon
« même impossible; d'autre part, qu'elle est
« d'une utilité très contestable, en présence
« de la publication faite chaque année par

« le Ministre du compte général de l'Admi-
« nistration des finances, comprenant dans
« les plus grands détails tous les documents
« relatifs aux services financiers de l'Etat. »

C'était la fin de non-recevoir la mieux ca-
ractérisée ; comme je l'ai déjà dit, le Compte
général suffisait au Ministre, la nation pouvait ignorer.

Puis, les désastres les plus effroyables
vinrent fondre sur la France, et la République, après s'être appliquée à panser les
plaies de la patrie, a cherché l'ordre indispensable à la vie des Etats.

A la Chambre, on a créé des commissions
de comptabilité, la Commission du budget
s'est très-sérieusement mise à l'œuvre, mais
l'œuvre n'est encore qu'ébauchée, on cherche
un moyen de satisfaction publique, on
cherche, en finances, le moyen de dire bien
et d'être complet.

M. Thiers a dit que « *la comptabilité est l'art*
« *de faire parler les chiffres.* »

M. Thiers a peut-être voulu parler de la
comptabilité qu'il connaissait, car nous igno-
rions qu'on pût faire dire aux chiffres autre
chose que ce qu'ils signifient exactement ; —
ils sont un langage correct, éloquent, fait
pour exprimer la vérité, et seulement la
vérité ; la preuve en est, que, dès que l'on

veut trahir la vérité à l'aide des chiffres, le chiffre se fait accusateur, on est dénoncé par son œuvre ; les chiffres parlent, ils parlent toujours de la façon la plus intelligible, mais on ne peut pas les faire parler.

M. Thiers se méfiait sans doute des habiletés administratives, ou il les accusait ; il cédait donc à une habileté de son esprit quand il affirmait qu'on pouvait faire parler les chiffres.

C'était pour parer à ces habiletés que nous avions demandé la publication d'un bilan d'État comportant une formule nous indiquant à l'actif et au passif de l'inventaire national :

1º La précédente situation exposée ;

2º Les opérations venant en accroissement de cette situation ;

3º Celles venant en atténuation de ces deux chiffres, en ayant soin de les grouper au préalable ;

4º La situation dernière résultant de cette combinaison pouvant se chiffrer par :

$$X + X - X = X$$

Voilà tout l'effort qu'il fallait savoir faire pour assurer le triomphe de la question sociale, tellement il est vrai que tout peut, doit se résoudre par un chiffre, et que si l'on sait compter, on arrive à reconnaître que tout fait se traduit en une action commerciale ; car dans la vie tout est commerce, depuis les relations d'affaires proprement dites jusqu'à la révérence faite publiquement, jusqu'au sourire qu'on vous accorde à titre gracieux et qui semble si gratuit.

Mais ne nous attardons pas à déterminer la résultante de nos relations plus ou moins diplomatiques ; c'est de la chose qui est, du fait tangible qu'il faut nous occuper.

La France amoindrie, son revenu atteint directement dans sa production, il fallait d'abord se reconnaître ; il n'y a pas de situation grave dont on ne puisse sortir honorablement, et ce n'est pas triompher avec honneur que de payer au prix de sacrifices qu'on ne peut sérieusement établir.

Les Commissions de comptabilité fonctionnent, la Commission du budget tâche de réaliser des économies ; on cherche la formule d'une situation publique. L'apprentissage est fait, et si l'on cherchait bien, on trouverait un bilan d'Etat dont le cadre est tracé dans une brochure de six pages qui a pour titre :

PROJET DE RÉFORME RADICALE

DES

FINANCES DE L'EMPIRE

Après l'Empire, nous nous sommes adressé à la République ; il n'y a pas d'autorités auxquelles nous n'ayons dit, avec les formes les plus respectueuses :

« *Etudiez les souffrances de la nation ; rendez*
« *la France à elle-même ; accomplissez la Révo-*
« *lution en servant les grands intérêts que vous*
« *avez reçu la mission d'administrer.* »

Et nous ne disions pas : « *Voici la formule*
« *et les termes.* »

Nous nous sommes toujours contenté de soumettre un projet, recommandant seulement la valeur du + et du —, parce que c'est là la garantie de vérification et de contrôle à laquelle le peuple a droit, parce qu'il paie même ce qu'il ne doit pas, que sa religion désapprouve, contre lequel sa conscience se révolte.

Les autorités républicaines se sont souvent montrées sourdes à notre appel ; la cause en est dans l'habitude des traditions déjà anciennes, dans la conscience insuffisante que l'on a des choses économiques, ou dans la volonté que l'on peut bien avoir d'en écarter l'étude, absolument dénuée d'intérêt quand on n'a pas le désir de rendre aux siens un service réel, quand on n'est pas sincèrement républicain, — qualité qui implique la volonté de bien faire, que l'on manifeste par la création de choses utiles.

Mais la constance dans l'effort est nécessaire quand il s'agit de poursuivre l'affranchissement complet, absolu, d'un peuple; quand il s'agit d'une question aussi grave que celle de la Révolution sociale, qu'il faut accomplir sous peine de déchéance nationale, sous peine de déchéance naturelle ; car nous ne serions pas les fils des glorieux auteurs de la Révolution de 1789, nous ne serions plus des hommes si nous laissions l'œuvre inachevée, alors que nos pères nous ont laissé un si grand héritage d'honneur et de devoirs qui impliquent l'Egalité sociale par la solidarité de tous les membres de la famille humaine.

Pour cela, compter est indispensable ; mais compter suffit. — En possession du bulletin de vote, nous n'avons plus qu'à nous en servir d'une manière intelligente en confiant le mandat de nous représenter à des hommes qui en soient, dont le républicanisme éprouvé nous mette à l'abri de doctrines subversives de tout ordre ; qui respectent surtout la liberté individuelle, qui exclut tout langage esclavagiste : n'avons-nous pas entendu dire « *qu'il était bon parfois que le peuple sentit le* « *mors sur lequel il pût se reposer* » O peuple ! Si tes mandataires te traitent ainsi, qu'as-tu à attendre d'eux ? Le mandat de député n'est pas un patriarcat ni un emploi à terme fixe ; il ne peut être qu'un mandat que la confiance des mandants permet seule de garder : il ne constitue ni un métier, ni le droit à l'exercice d'un pouvoir absolu ; c'est un sacerdoce, le sacerdoce de la fraternité entre tous, depuis la déclaration des *Droits de l'homme.*

Compter, c'est tout ! C'est à quoi nous eussions désiré amener les représentants du peuple depuis que la France est rentrée en possession d'elle-même. Les députés devenus économistes eussent moralisé l'Etat ; le commerce, peut-être, à cet exemple se fût moralisé: l'immoralité de la théorie de l'*offre* et de la *demande* aurait disparu pour faire place à deux termes plus vrais: *Production, Répartition*; la famille profitant du bien-être se fût moralisée encore ; la République eût été l'expression réelle d'un état de choses vraiment rationnel ; République, elle eût été la consécration de la vertu, elle eût été la vertu elle-même.

Mais c'est la condition *sine quâ non* de son existence, elle ne peut plus être que la *République sociale*, dénomination qui exprime son véritable caractère, à la conquête duquel nous ne devrions pas, par des recherches économiques, nous attarder désormais.

Cependant, si nous sommes pleinement d'accord sur le principe, les moyens paraissent nous diviser.

Il est facile d'écrire à notre frontispice :

RÉVOLUTION SOCIALE *par la pacification des esprits et le concours de toutes les bonnes volontés* ; — mais l'unité de vues ne peut être complète, la diversité des opinions venant contrarier l'exposé d'un système qui, pour être modéré dans la forme, n'en est pas moins radical au fond : ce n'est pas sans coup férir que nous arriverons à l'unité de répartition par la production commune.

En attendant, le programme de la Révolution sociale pourrait se résumer en ceci :

1º Unité de l'impôt national ;

2º Contrôle, par la nation, des deniers publics ;

3º Création d'une cour de justice (Cour des Comptes) en dehors de toute autorité gouvernementale, ayant pour objet de statuer sur l'administration des ressources de l'Etat ;

4º Unité du crédit en vue de l'union des forces productives du pays ;

5º Suppression des intermédiaires visant l'unité de répartition ;

6º Publicité raisonnée des actes financiers des établissements de Crédit, dispensateurs de la fortune publique ;

7º Economie politique mise à la portée de tous par la vulgarisation des moyens de production et de répartition par commune et département, de manière à inspirer le sentiment de la solidarité aux citoyens qui, jusqu'à présent, n'ont vécu que pour vivre, sans prendre souci des besoins de leurs semblables, hommes comme eux, jouissant comme eux du droit à la vie, à la fortune universelle.

Cette réforme est nécessaire, indispensable pour rétablir l'équilibre du Crédit, dont la situation actuelle nous révèle le caractère profondément anarchique, sans aucun rapport avec les besoins des populations et menaçant l'édifice social tout entier.

Tout, en effet, dans notre organisation actuelle, constate le désordre, appelle l'administration qui pourtant semble fuir à mesure qu'on la cherche, tellement la sagesse est bannie de notre régime économique.

Que d'exemples n'aurions-nous pas à citer !

Mais faut-il nous y arrêter, même un instant? Nous ne soulèverions pas un coin du voile sans produire le scandale le plus effroyable, tant, dans la situation économique tout est faussé, et en économie politique proprement dite, et en économie purement financière, même en économie domestique. Que n'aurions-nous pas à dire !

Produire le scandale ne serait pas un remède à un mal si épouvantable; c'est le remède que nous voulons apporter.

L'instrument du Crédit, faussé à dessein, devient un instrument de fortune pour le petit nombre, la classe des privilégiés, des exploiteurs, toujours! — et la masse souffre, agonise pour que les jouisseurs puissent se repaître à l'aise. Le peuple expire, mais le petit nombre est satisfait: qu'importe que la masse abrège sa vie par les peines d'un labeur que l'âme d'un philosophe ne saurait considérer sans désespoir.

Nous n'appelons pas le châtiment que mérite le crime de cette exploitation de l'homme par l'homme, puisque nous voulons taire les fautes, par conséquent le nom des fauteurs; mais il faut que la virilité des masses se réveille; il faut que le peuple se lève, qu'il apprenne à compter.

Mais il faut aussi qu'il apprenne à la véritable école; il faut qu'il s'instruise; voilà ce qui se passe :

S'il a faim, on le laisse mourir, c'est plus tôt fait; quel droit, après tout, a-t-il à la vie? Il travaille ou il ne travaille pas, souvent suivant le caprice de celui qui possède, qui a une règle cependant: son intérêt politique, mais son intérêt à lui, le puissant, comme si son capital ne devait pas produire, et produire constamment à la masse.

S'il offre une garantie effective, s'il lui reste encore cette garantie, si on ne la lui a pas encore complètement enlevée, si on ne l'a pas ruiné, ce n'est plus qu'affaire d'heures: on lui prête, et on lui prête de manière que le gage soit bientôt compromis; on ne l'aide efficacement qu'à se détruire.

Mais s'il possède, si peu! oh! alors, la loi des habiles est réellement puissante, on le dépouille. Il n'y a pas de combinaisons qu'on ne sache inventer pour attirer à soi l'épargne entassée; on fait sa part, la part du Capital; la part du capital mise en œuvre est souvent dissipée, et si l'épargne ne se renouvelait, si le travail ouvrier n'était constant ce serait fait de la fortune du peuple.

Quelle est donc la situation exacte du Crédit? Qui pourra la déterminer d'une manière précise? Qui sait la position de telle grande Compagnie industrielle ou financière, quel mirage cache-t-elle? Et pourtant, quel magnifique exposé n'en fait-on pas? Tout se réduit à ceci: le Cours de la Bourse, que l'on chauffe, que l'on enlève; la prime, voilà ce qu'il faut et que le peuple doit payer!

Que dire apès cela de la loi de l'*Offre* et de la *Demande*? Elle donne jeu à toute les spéculations les plus hasardées, les plus ruineuses. Il arrive parfois que les habiles s'y laissent prendre, mais il faut bien, en somme, que la liquidation se fasse sur le dos du peuple: Payer, c'est sa destination, c'est à quoi il est constamment employé!

Il y a un remède à cela : la *Coopération*, l'*Assurance*.

Le Crédit largement déversé sur des garanties effectives, d'un ordre négligé à dessein jusqu'à présent, à fin de production économique, en vue de répartition directe.

La tâche est ardue, mais il est intéressant de s'y adonner.

C'est un devoir à remplir, et il fallait qu'un grand établissement financier suffît à cette tâche; nous y avons pensé, et voici ce que nous proposons:

1° *La formation de Sociétés coopératives de production et de consommation*, qui en nous affranchissant des exigences excessives des producteurs, nous conduisent à la suppression des intermédiaires et de l'impôt qu'ils prélèvent sur la consommation générale ;

2° *La dispensation du Crédit* dans la mesure la plus large, afin d'aider le travailleur et toutes les entreprises visant l'intérêt public ;

3° L'*Assurance universelle,* garantissant au moyen d'un contrat unique, les propriétés des citoyens et les préservant des mauvaises chances de la vie en les faisant arriver, à l'aide d'un fonds de prévoyance, à la situation la plus aisée dans l'âge mûr, alors que les fatigues éprouvées commandent un repos absolu, qu'ils ne doivent actuellement qu'à la Charité.

Ce programme, si simple, comporte les développements que nous nous empressons de vous donner ici :

Formation de Sociétés coopératives de production et de consommation.

—————

La *vie à bon marché,* cet idéal de notre siècle, qu'un économiste distingué a appelé

Le siècle des ouvriers, est assurément le plus grand problème économique qu'il nous faille résoudre. Nous n'y pourrons parvenir qu'à l'aide de la *coopération*. Mais il faut que le système de la *coopération* soit sagement entendu ; il faut, c'est une nécessité d'ordre social, que l'intérêt privé s'efface absolument devant l'intérêt général ; il faut que l'égoïsme disparaisse, que la création d'une œuvre utile à tous donne à tous une somme égale de bénéfices ; autrement, l'inégalité ne pourrait disparaître, nous n'aurions fait que déplacer les éléments de la situation sans atteindre la situation elle-même.

Nous pensons fonder de vastes . établissements agricoles, véritables fermes modèles où tous les objets d'alimentation seront créés, soit à l'aide de semences, de plantations ou d'élevage et d'exploitation d'animaux ; — nous pourrons aussi favoriser le syndicat de corporations ouvrières, dans le but de supprimer les grèves et assurer le travail, qui, plus justement rémunéré que par les patrons, sera pour tous la plus haute garantie d'ordre social.

Si donc, d'une part, nous assurons la création de toutes choses utiles à la consommation ; — que, d'autre part, nous assurions également la répartition des produits par des établissements tributaires des établissements de création, qui en soient les agences ou les succursales, — nous aurons supprimé les intermédiaires dont la fortune est prélevée sur la consommation quotidienne du travailleur, et fait ainsi un grand pas vers la solution du grave problème de *La vie à bon marché*.

Mais la solution de ce problème sera complète si, aux moyens que nous venons d'indiquer, nous ajoutons ceux que nous allons étudier en traitant plus particulièrement la question spéciale du Crédit.

LA NOUVELLE DISPENSATION DU CRÉDIT

Il est évident que la coopération serait insuffisante à produire si le Crédit dispensé dans la plus large mesure ne venait aider son action ; — la raison en est, à proprement parler, dans l'impossibilité où nous sommes de créer, c'est-à-dire de faire de rien.

La coopération est impossible sans crédit ; mais le crédit a une force décuple s'il est aidé de la coopération.

Nos opérations de crédit comporteront :

1° La constitution de sociétés coopératives de production et de consommation comme nous venons de le dire ;

2° La constitution de sociétés ayant pour but la création de canaux, de routes, de tous moyens de transport, l'exploitation de mines, le reboisement des montagnes, toutes exploitations forestières, la fabrication de machines et outillages ; — l'établissement de comptoirs pour l'importation de produits étrangers : matières premières ou produits fabriqués, de la production desquels nous sommes privés en France, ou dont la fabrication serait onéreuse pour nous ; la création d'exploitations agricoles, viticoles, d'élevage et de pisciculture ;

3° L'exploitation, pour notre compte, de tous ces éléments de la fortune sociale ;

4° La constitution de cautionnements aux fonctionnaires et agents d'administrations publiques ou de toutes autres administrations, sociétés ou exploitations commerciales, industrielles ou financières ;

5° Le prêt sur toutes valeurs représentatives d'argent; terrains, bâtiments et immeubles quelconques, marchandises, matériel et mobilier industriels, et tous objets mobiliers, toutes valeurs de portefeuille : valeurs cotées et non cotées, — et, généralement telles valeurs créées en représentation d'un actif d'une réalisation certaine ;

6º L'escompte de tous effets de commerce créés en représentation d'une dette justifiée et revêtus de signatures établissant une garantie suffisante de notre escompte ;

7º Le prêt aux Etats, provinces, districts, départements, communes, sociétés ou particuliers, ayant pour but la création d'une œuvre dont l'utilité nous sera démontrée, les résultats certains, — ou. l'amélioration d'un état de choses déjà existant ; il va de soi que, banque socialiste, étant par notre destination, par les opérations auxquelles nous nous livrerons constamment, un instrument de pacification, de progrès, de civilisation, nous nous sommes interdit de la manière la plus formelle, statutairement, le prêt aux États pour les besoins de la guerre.

8º Toutes opérations ayant pour but l'amélioration du sort des populations, telles que : établissement de constructions industrielles ou autres ; — la création d'écoles urbaines ou communales, de cercles ou sociétés tendant à mettre à la disposition des citoyens les moyens d'instruction qui ne leur ont été fournis qu'incomplètement jusqu'alors et sous une forme dont l'attrait n'a pas toujours été suffisamment recherché ; — enfin, telles opérations dont la réalisation sera envisagée par nous comme d'intérêt public.

9° L'ouverture de nos guichets à toutes souscriptions d'emprunts publics ou autres, et pour la constitution de sociétés anonymes ou en commandite ;

10° L'exécution de tous ordres financiers pour compte de tiers ;

11° L'acceptation du dépôt de toutes sommes et de tous titres que les États, sociétés ou particuliers désireraient confier à la garde de la Compagnie ;

12° La conversion de dettes d'États, de provinces, départements, villes ou communes.

L'expérience que j'ai personnellement acquise dans ce genre d'opérations, par l'unification que j'ai faite et effectivement dirigée, au *Comptoir d'escompte de Paris*, de l'UNIFICATION DE LA DETTE ÉGYPTIENNE, permet à notre compagnie de procéder à la conversion de dettes d'États à des conditions exceptionnelles, facilitant à ces États le relèvement de leur crédit, sans qu'il leur soit pour cela nécessaire de subir les exigences si onéreuses que leur ont imposées jusqu'à présent les grands établissements financiers.

En effet, il entre dans les coutumes de ces établissemements d'évaluer toujours très largement leurs chances de pertes, résultant, dans ces opérations, de la manipulation, difficile, des nombreux titres à convertir ; — j'ai eu la très heureuse chance de fournir au Comptoir, pour l'*Unification égyptienne*, après un maniement de près de *quatre milliards* d'obligations un solde de caisse intégral, alors que des pertes sont subies ordinairement sur une échelle appréciable, pertes qu'il est inutile de vous indiquer ici par le détail, mais que nous pourrions cependant vous donner. Ces mauvaises chances disparues (une bonne administration les fait disparaître), les frais d'unification se trouveraient diminués d'autant, sans compter que nous sommes à même de proposer des bases générales de conversion infiniment plus avantageuses qu'on ne l'a fait jusqu'ici.

J'espère que vous me pardonnerez cette digression à l'endroit de nos opérations de crédit ; il m'a semblé intéressant pour vous qui voulez bien manifester vos sympathies par la création de notre établissement, de vous parler spécialement des conversions que nous pouvons faire immédiatement de rentes ou de dettes d'États, car nous considérons ces conversions comme pouvant contribuer d'une manière efficace au relèvement du Crédit universel.

Permettez-moi d'ouvrir encore une parenthèse : il s'agit aussi d'un intérêt de premier ordre.

Le Conseil municipal de la Ville de Paris s'occupe d'une manière active du dégrèvement de certains droits d'octroi. — Conseil républicain, il désire ardemment abaisser, annuler les droits d'octroi sur l'entrée du vin à Paris, afin que l'ouvrier puisse ne pas trop diminuer la mince ration que lui laisse le *phylloxera*.

La question du phylloxera est une question capitale pour le peuple, pour le pays ; elle a été l'objet de la sollicitude du Gouvernement, qui l'a fait longuement étudier.

Mais la science officielle se trompe parfois. Dans le cas actuel, elle n'a rien trouvé de mieux que d'immerger les vignes, et on demande à la Chambre un crédit pour l'immersion de 7.000 hectares de terrains dans les départements de l'Aude et de l'Hérault.

Les frais d'immersion seront considérables et le résultat sans importance.

J'ai l'honneur de connaître un des savants les plus rares qui soient par le mérite et la modestie : un savant modeste, c'est un homme complet.

Celui que je connais, un des plus fameux chimistes du monde, est d'une modestie coupable : on n'a pas le droit d'être modeste quand, de la sorte, on compromet le bien-être de sa patrie.

C'est malheureusement le cas de mon excellent ami, M. Léon Mignot.

Voici une communication qu'il adressait à l'Académie des Sciences le 29 novembre 1878. Cette communication a été présentée à l'Académie par l'illustre M. Dumas.

« Le Phylloxera est-il une *cause*, ou est-
« il un *effet* ?

« Il n'est pas plus la cause de l'état mor-
« bide de la vigne que les vers dans la
« chair morte ne sont la cause de sa dé-
« composition ; — que les poux sur la tête
« de l'enfant mal nourri et malpropre ne
« sont la cause de son état malingre ; —
« que la fièvre n'est la cause de l'insalu-
« brité des contrées marécageuses.

« Il est un symptôme, une génération
« *spontanée* de l'état morbide de la vigne,
« un *effet* de son dépérissement.

« Et cet *effet* résulte de ce que : d'une
« part les pluies exceptionnelles depuis 1871
« ont déplacé la potasse assimilable ; d'autre

« part, de ce que les viticulteurs en surme-
« nant depuis longtemps le rendement de
« la vigne, lui ont fait dépenser la quantité
« d'*aliment essentiel* qu'elle trouvait dans le
« sol pour son rendement normal.

« A défaut de cet aliment essentiel, la
« vigne meurt et le phylloxéra naît et
« vit de cette mort, comme les vers nais-
« sent et vivent de la décomposition des
« chairs mortes.

« Au lieu donc de traiter la vigne par
« immersion, ce qui désalcaniserait com-
« plètement le sol et le rendrait absolument
« impropre à la culture de la vigne, sans
« toutefois détruire le phylloxéra, car il
« s'accommode très bien des sols humides,
« il faut la nourrir, non pas d'engrais
« azotés, *mais de ses aliments essentiels*,
« qui sont : LA POTASSE ET LA SILICE SO-
« LUBLE ; et dès que par suite de cette ali-
« mentation reconstituante la vigne revivra,
« le phylloxéra disparaîtra de lui-même,
« parce qu'il ne naît, ne vit, et ne se
« multiplie que de l'état morbide de la
« vigne.

« Donc, POTASSE ET SILICE SOLUBLE : tel
« est le SPÉCIFIQUE RATIONNEL.

« Il est aussi le moins dispendieux et
« le plus facile à administrer.

« La potasse est facile à employer, soit
« au moyen de silicate de potasse, soit au
« moyen de l'hydrate de silice.

« Ce deuxième moyen (*hydrate de silice*)
« est, à tous égards, plus avantageux que
« le premier (*silicate de potasse*) comme
« effet continu, comme facilité de prépara-
« tion et d'emploi et par conséquent comme
« prix.

« En combinant la potasse avec l'hydrate
« de silice, on obtient un composé potas-
« sique pulvérulent qui est lentement so-
« luble et assimilable. On mélange cette
« poudre avec de la terre que l'on épand
« au pied d'un cep, après l'avoir déchaussé
« en forme de cuvette ; l'eau de pluie achève
« l'opération et *restitue* au sol l'*aliment silico-*
« *potassique* qui est *indispensable* à la vigne,
« surtout pour la production du *vin beau*
« *et bon*, car la ROSITE (coloration qui est
« inhérente à la saveur et au bouquet des
« vins vieux de bons crus, et leur donne
« la couleur de feu) est un effet de l'action
« *silico-potassique* ; tandis que la POURPRITE
« (coloration foncée qui se dépose jusqu'à
« épuisement dans les fûts et bouteilles)
« est un effet de l'action *azotique*.

« Il serait facile de mettre la production
« de la potasse en rapport avec ce surcroît

« de consommation, au moyen des sables
« ou roches feldspathiques en décomposi-
« tion, dont y il a en France des quantités
« inépuisables, notamment dans les mon-
« tagnes du Limousin qui sont la suite et la
« fin de celles d'Auvergne.

« Quant à la silice soluble (*silice farineuse,*
« *terre d'infusoires*) nous en avons aussi en
« France des gisements inépuisables. On la
« trouve dans le contour littoral de la mer,
« formant autrefois le bassin de Paris, à la
« naissance du grès vert, sur une étendue
« de plus de 150 lieues. On la trouve aussi
« en Auvergne, au fond de lacs d'eau
« douce desséchés par les coulées volca-
« niques.

« Celle du bassin de Paris est farineuse.

« Celle d'Auvergne est floconneuse, plus
« légère, plus spongieuse et contient moins
« d'alumine, avec traces d'oxyde de fer, que
« celle du bassin de Paris. L'une et l'autre
« sont le produit de la décomposition des
« carapaces d'infusoires.

« Les terrains qui contiennent ces gise-
« ments potassiques et siliciques ne valent
« que 500 fr. à 1,000 fr. l'hectare, parce qu'ils
« sont peu fertiles.

« La *poudre potassique* dont il s'agit ne
« coûterait pas plus de 10 *fr. les cent kil.*

« *Un kil. par cep suffirait pour nombre d'an-*
« *nées.*

« *Soit.* 0 *fr.* 10 *c. par cep.*

« Autrement dit, *moins de dépense pour gué-*
« *rir et vivifier la vigne, que pour l'arracher*
« *et la détruire à tout jamais.*

« Il est donc permis de dire que le spéci-
« fique silico-potassique, qui est l'aliment
« essentiel de la vigne, doit être l'insecticide
« spécial du phylloxéra, précisément parce
« qu'il est le vivifiant de la vigne.

« *Signé* : L. MIGNOT. »

Connaissant l'existence de ce document,
— dont l'importance ne vous échappera pas,
— dès que j'appris le dépôt par le Ministre
des Finances du projet de loi demandant le
crédit nécessaire à l'immersion de 7,000 hectares de terrains plantés de vignes dans
l'Aude et l'Hérault, j'adressai au gouvernement copie de la communication de M. Mignot
à l'Académie des sciences.

Mais l'expérience du procédé Mignot faite,
avec un plein succès, je me suis engagé
vis-à-vis de mon savant ami à lui remettre,
dès la Constitution de la Banque universelle,
et sans attendre la suite que croira devoir
donner le gouvernement à ma requête con-
cernant les communications dont je viens de

vous donner connaissance, tous les capitaux nécessaires à la destruction du phylloxéra.

Je vous parle d'un intérêt que nous entendons servir; ce n'est pas tout, et M. Mignot vous réserve plus d'une surprise: il vous construira des maisons à bon marché, d'un aspect architectural qui fera contraste avec le manque de style de notre architecture moderne, et nous, nous vous assurerons la propriété de vos maisons dans un déla peu éloigné, en ne réclamant de vous que le payement de votre terme, qui sera moins élevé que celui auquel vous avez maintenant à faire face.

Mais nous ne nous occupons pas seulement de M. Mignot; tout ce qui intéresse la révolution sociale fait de notre part l'objet d'une étude approfondie: il faut que le vieux Crédit soit mort; il ne profitait qu'à ceux qui possédaient déjà, il faut *Crédit à tous*, à tous ceux qui portent dans le cœur la volonté de bien faire, et qui tous, sans exception, ont la religion de la famille, religion sainte sur laquelle nous bâtirons notre société nouvelle.

Dans ces deux mots, je vous ai dit ce que le Crédit était; nous étions les parias de la fortune, nous voulons devenir les auteurs, les conservateurs de l'Égalité sociale.

Nous avons démontré que nous en serons les auteurs ; nous allons voir comment nous pourrons garantir le nouvel ordre de choses par *l'Assurance universelle*.

L'ASSURANCE UNIVERSELLE

On a fait de l'*Assurance* une science confuse, où chacun puise pour ses besoins ; de là des désaccords, des procès entre les Compagnies, rigides parfois, souvent même, et les assurés, exigeants toujours, parce qu'ils se croient lésés, lésés sciemment. La vérité peut-être est que l'Assurance manque de simplicité, de cette simplicité qui fait bien comprendre les choses et qui détruit l'équivoque.

Aussi, il y a les assurances sur la vie, contre les accidents corporels, matériels, contre l'incendie, qui est encore un accident, contre les risques de transports, contre le chômage, les assurances maritimes, les assurances contre l'infortune — on a appelé cela l'Assurance financière. Il y a les assurances mutuelles et à primes fixes. — La mutualité a ses défauts, la prime fixe a les siens ; toutes les assurances donnent lieu à une foule d'abus. On a oublié l'*assurance universelle*, qui indique, dans un avenir rapproché, l'assurance d'État : l'*Impôt-Assurance*.

Nous avons groupé toutes les assurances, tout ce qu'il y avait de vrai dans leur régime ; et après une longue étude, nous nous sommes dit qu'au lieu de tous les impôts dont nous sommes écrasés, on pourrait nous garantir corps et biens ; — en attendant que la Révolution sociale ait poussé le gouvernement de la République à le faire, nous allons créer l'*Impôt conservateur*, loi suprême d'équilibre qu'on a eu le tort grave de méconnaître, mais qui n'en deviendra pas moins la base de l'assiette de l'impôt en France.

A l'aide d'une *Police unique*, nous garantirons la fortune de tous les citoyens, nous leur assurerons le pain de l'âge mûr : nous ne croyons pas devoir nous étendre sur la formule que nous emploierons pour cela ; elle sera assez simple pour être comprise de tous, ne donnera jamais lieu à une équivoque quelconque : c'est la paix que nous voulons assurer, et nous voulons éviter les discussions irritantes des procès, même les explications oiseuses, inutiles par conséquent.

En cela, nous serons encore conformes à notre programme qui implique l'ordre absolu dans les transactions, par la bonne volonté, la bonne foi de toutes les parties.

Des gens, malveillants sans doute, nous ont dit que la réalisation d'un semblable programme était une utopie. Nous pensons, nous, que ce n'est pas une impossibilité, que la bonne foi prévaut contre tout; j'en ai eu la preuve dans la grande œuvre de l'*Unification de la Dette égyptienne* où j'ai été personnellement en relations avec plus de quarante mille intéressés qui ont bien voulu m'honorer de leurs sympathies. Jamais l'accord le plus parfait n'a cessé de régner entre nous: — toutes les opérations se ressemblent, et la sympathie des uns nous est une garantie de la bienveillance des autres. — Des remercîments m'ont été adressées, publiquement et par lettres, pour l'exercice et dans l'exercice de mes fonctions au *Comptoir d'Escompte de Paris*; mon empressement à servir les graves intérèts qui me seront confiés à la *Banque universelle* me méritera, je l'espère, la continuation des sympathies qui m'ont été témoignées et l'établissement de relations nouvelles favorables à la fois à nos clients et à notre Compagnie.

Il ne me reste plus qu'à vous entretenir de la manière dont nous comptons mettre les intéressés au courant de nos opérations.

JOURNAL DE LA BANQUE UNIVERSELLE

Tous les établissements de Crédit font constamment appel à la presse, et ils font bien.

Nous, nous nous recommanderons naturellement à la faveur de nos confrères de la presse, journalistes nous-mêmes, car nous avons songé à la création d'un journal, organe de notre établissement, qui est déjà désigné sous la dénomination de :

LA TRIBUNE DES TRAVAILLEURS

JOURNAL QUOTIDIEN

POLITIQUE, LITTÉRAIRE, COMMERCIAL, INDUSTRIEL & FINANCIER

ORGANE DE LA

BANQUE UNIVERSELLE

Société de crédit général et d'assurances contre tous risques.

En politique, nous serons républicains socialistes, notre religion politique vous est déjà connue d'ailleurs. De principe radical, voulant l'application complète des *Droits de l'homme* tels qu'ils ont été proclamés en 89, nous serons toujours excessivement modérés dans la forme et nous ne nous départirons jamais de la sagesse la plus parfaite qui est la loi du droit. — Pour que notre revendication soit efficace, il faut que notre plaidoyer soit constamment clair et ne s'embarrasse jamais dans une politique de colère : c'est la raison qui doit faire prévaloir nos droits imprescriptibles, c'est sous le drapeau de la raison qu'on nous trouvera toujours rangés.

Quant à notre situation financière, ce que nous avons réclamé du Gouvernement, nous l'appliquerons : nous ne publierons pas seulement nos situations, nous les établirons COMPARATIVES, *avec introductions de fluctuations actives et passives,* observant rigoureusement la loi du $+$ et du $-$.

Nous discuterons même nos opérations, les exposant sous leur véritable jour, appelant la lumière de quelque centre qu'elle se produise, afin d'éclairer constamment notre action.

En un mot, nous serons un gouvernement dans une maison de verre.

Notre organisation s'accommode d'ailleurs merveilleusement de cette clarté : — Le Conseil d'administration, omnipotent dans la direction des affaires de notre société, ne partage sa responsabilité qu'avec l'assemblée générale des actionnaires, qui nous régit souverainement de par la loi de 1867.

Mais le Conseil, jaloux du soin de gouverner avec honneur les grands intérêts remis à son administration, délègue son autorité à un Comité pris dans son sein, afin d'assurer l'exécution fidèle de ses volontés.

Pour cela, le Comité, siégeant en permanence, éclaire et contrôle tous les actes de la gestion du directeur général, administrateur et membre du comité de direction lui-même. C'est, pour la Compagnie, le comité de salut social, responsable devant le Conseil.

C'est la République au sein de la plus formidable des associations de crédit et d'assurances, qui s'est imposé pour devoir: la Révolution sociale par le crédit dispensé à tous, garanti par l'impôt-assurance, et prêchant de la parole et de l'exemple : la Fraternité.

C'est là tout notre programme; l'exécutant ainsi, nous aurons doté nos concitoyens d'une institution utile, dont les bienfaits inspirés par une idée philanthropique seront un plaidoyer constant en faveur de la République. Et la République, consolidée par l'indépendance absolue de ses concitoyens, affranchis du besoin, émancipés cette fois de toute servitude, marchera résolument à la révolution sociale dont le dernier mot est le bien-être des populations, manifesté par la liberté intégrale et la fortune aux mains de tous, chacun faisant œuvre utile. La Révolution sociale par le redressement du Crédit, c'est le travail, la production de tous les membres de la famille humaine, la richesse universelle ayant supprimé le paupérisme, cette plaie de notre société actuelle, à l'amélioration de laquelle nous travaillerons sans cesse, au double point de vue de son affranchissement et de sa moralisation.

DOCUMENTS PUBLIÉS

PAR LA

BANQUE UNIVERSELLE

———

1º Notice et statuts de la Banque universelle.
2º Lettres des 26 avril, 3 et 26 mai, à M. le Président de la République.
3º Lettres du 28 mai :
   A M. Léon Say, Président du Sénat ;
   A M. Léon Gambetta, Président de la Chambre des Députés ;
   A MM. les Présidents et Membres de la Commission du Budget,
   A MM. les Ministres.
4º Lettre du 29 mai à MM. les Président et Membres du Conseil municipal de la Ville de Paris.
5º Discours prononcé le 30 mai par le Directeur général fondateur.
6º Lettre du 31 mai de M. le Ministre de la Marine et des Colonies.
7º Lettres du 1er juin :
   A M. le Préfet de la Seine,
   A M. le Préfet de Police.
8º Lettre du 3 juin à M. Léon Gambetta, Président de la Chambre des Députés.
9º Circulaire du 7 juin à MM. les Trésoriers-Payeurs généraux.

10° Lettres des 11 et 14 juin à M. Magnin, Ministre des Finances.

11° Lettre du 14 juin à M. le Président de la 1re Commission du Conseil municipal de Paris.

12° Fin de non-recevoir donnée, le 15 juin, par M. le Directeur du Mouvement général des fonds, pour M. le Ministre des Finances.

13° Réponse du 17 juin à M. Magnin, Ministre des Finances.

14° Liste des Trésoreries générales où s'effectuent les opérations de la Compagnie universelle du canal maritime de Suez.

15° Liste de MM. les Trésoriers-Payeurs généraux qui acceptent, sous bénéfice de l'autorisation du Ministre des Finances, de représenter la Banque universelle dans leurs départements.

16° Lettres du 18 juin :
A M. le Président du Sénat,
A M. le Président de la Chambre des Députés,
A M. le Président de la Commission du Budget,
A M. le Préfet de la Seine,
A M. le Préfet de Police,
A M. le Président du Conseil municipal de la Ville de Paris.

17° Lettres à MM. les Président et Membres de la 1re Commission du Conseil municipal de la Ville de Paris.

18° Programme des opérations de la Banque universelle.

1707.80. — Saint-Ouen (Seine). — Imp. JULES BOYER.